김영식 님

박희연

바람의 길

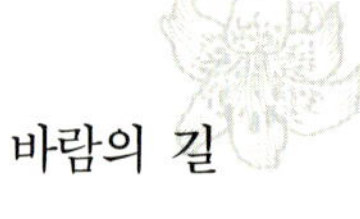

바람의 길

처음 박은날 : 2012년 10월 30일
처음 펴낸날 : 2012년 11월 10일

지은이 · 박희연
펴낸이 · 김영식
펴낸곳 · 들꽃누리

서울특별시 광진구 뚝섬로 52 마길 50-4 1층(자양동)
전화 (02)455-6365 · 팩스 (02)455-6366
등록 · 제 1-2508호

E-mail : draba21@naver.com
ISBN 978-89-90286-39-0 값은 표지에 있습니다.

바람의 길

박희연 시선집

책머리에

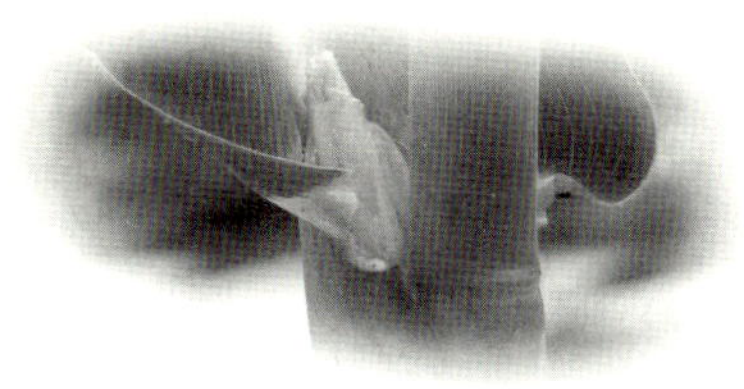

내 집 가까이에는 도봉산, 수락산, 불암산이 있다. 좀 먼 거리엔 북한산도 있다.

알맞은 높이도 높이지만 내 집에서 보이는 산은 정말 아름답다. 울창한 숲도 보이고, 산등성이로 이어지는 곡선의 아름다움도 일품이며 울퉁불퉁 드러나는 바위들의 조화는 더 훌륭하다. 풍경화 한 폭을 내 거실에 걸어두고 보는 흐뭇한 느낌이다.

그러나 그 산들의 아름다움은 적당한 거리감이 좌우한다. 더 가까이에서 산을 대하면 푸른 숲이 아니라 자갈이나 모래, 또는 돌멩이로 합성된 험한 산이요, 볼품없는 잡목으로 가득하다. 비바람에 쓰러진 나무에 병든 참나무 등걸이 무더기로 넘친다. 가까이에서 볼 것은 가까이에서 보고, 멀리서 볼 것은 멀리서 보는 지혜가 있어야 한다.

남산 위에서 서울 거리를 내려다보면 크고 작은 빌딩이 어우러지고, 한강을 사이에 두고는 높고 낮은 아파트들이 얼마나 아름답게 조화를 이루고 있는가. 산이 있고 강이 있으며 잘 짜여진 거리하며 오가는 많은 자동차들이 한눈에 들어온다. 온 세상에 서울을 내놓고 자랑하고 싶다. 그러나 더 가까이에서 사람 사는 꼴을 보면 과연 자랑거리가 될까 하고 다시 생각을 하게 된다.

우리가 대하는 일(정치 · 경제 · 사회 · 문화 등)에도 알맞은 거리감을 가지고 스스로 조절하는 능력이 있어야 한다. 조절하는 능력 가운데 하나가 일을 더는 것이다. 일을 자꾸 보태다 보면 제힘에 겨워 결국은 넘어지거나 엎어진다. 욕심이 욕심을 낳고 죄를 키워 죽음에 이르는 길로 들어간다.

일을 덜면 몸과 마음이 편하고, 덜어낸 만큼의 여유도 생긴다. 비가 오면 텃밭에 물주는 수고를 덜고, 햇볕이 나면 빨래는 저절로 마른다. 그러면 여유 있는 시간을 이웃과 나누어 쓰면서 더불어 살아가는 것이다. 많은 재물이 아니고도 도움의 효용은 크다.

문학도 적당한 거리에서 보면 즐겁다. 궁극적으로는 공감하고, 감동 감화를 받으며 입가에 웃음이 사르르 번지는 카타르시스가 치유의 효과다. 거기에 즐거움이나 쾌락이 있다면 더 이상 바랄 것이 없다. 시를 쓰는 사람보다는 시를 아는 사람이 더 시인다우며, 시를 아는 사람보다는 시를 즐기는 사람이 시인보다 더 행복하다. 이제 우리도 지성과 감성 외에 삶의 가치를 더해주는 즐거움이나 즐김의 방도를 각자 찾아야 한다. 더 나은 삶을 위해 시가 어떤 모습으로, 어떤 작용을 할 것인가를 화두로 삼고 싶다.

제 새끼의 털이 부드럽다는 어미 고슴도치의 마음이 그 얼마나 부드럽고 고운가. 어렵고 힘든 삶에서 조금의 도움이 되고, 괴롭고 슬픈 이한테서는 무언가를 덜어주고, 외롭고 쓸쓸한 이에게는 따뜻한 미소만이라도 나누어주어야 한다.

이 시집은 『햇빛잔치』와 『우리는 산벚나무 아래서 만난다』에서 몇 편씩 추리고 더러는 발표한 문예지에서 뽑아서 엮었다.

여러 가지로 바쁜 일정인데도 틈을 내어 이해와 감상의 길잡이가 된 류시하님과, 정성을 다해 출판해주신 김영식님, 그리고 e-book으로도 볼 수 있게 한 김숙희님에게 고마운 인사를 남긴다.

스스로의 짐을 덜지 못하는 사람들에게도 작은 선물이기를 바란다.

2012년 가을에

박희연

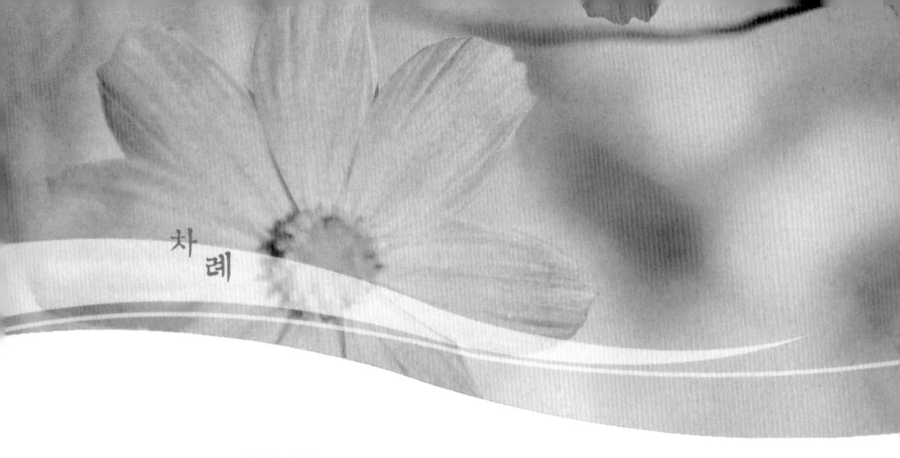
차
례

2 청보리밭

3 지리산 언저리에서

4 산책로

5 새벽에

6 바람의 길

7 순수하다는 것

1

빈 들판에는

부활하는 여름 산

꽃무더기가 수놓은 마을마다
고운 새 생명으로 웃음꽃이 피고

곱고 부드러운 새 이파리들은
모두가 아름다운 넋으로 태어나는구나.

산은 산대로,
들은 들대로 새로운 생명으로 거듭나니

꽃보다 고운
꽃향기보다 더 짙은 풀 냄새.

여름 산을 뒤덮은,
눈이 시리도록 푸른 색깔.

여름의 빛깔은 천상의 화원이요,
녹색의 찬란한 향연이다.

가지마다, 잎새마다
아름다움이 부활하여
하늘로 솟구치는 여름 산이다.

빈 들판에는

이 가을의
논과
밭은
가장 겸손한 자세로 고개를 숙이고 있다.

품안에서 자랑스럽게 키우던 채소들과
봄부터 신선함을 담아다 나르던
그 많고 많던 낟알들을
모두 제자리로 돌려보내고,

이제,
논과
밭은
그리도 뽐내던 주연 배우의 자리에서,
조연으로 물러나
조용히 몸을 낮추고 있다.

오면 가고, 가면 오는 세월은
시작과
끝의
매듭을 알고 있으니.

지금은 한 해를 마무리 짓고,
한 걸음 물러나
빈손으로,
빈 마음으로,
지난 일을 되짚어보는 아름다운 시간이다.

가을의 사도행전

대낮
한가한 가을볕을 그가 몰고 간다.
모래알을 튀기며 나도 가을볕을 몬다.
손을 잡고.

손끝에 매인 가을 하늘은
머언 이오니아 바다
남빛 찬란한 물결처럼
해맑은 소녀의 미소를 만들고
우거진 숲 속에 흩어진 풀벌레가 제마냥 따른다.

아무도 없는 이 산길에는
하늘의 계시가 얇은 볕을 이끌고 퍼지는
창세기가 낳은 산속의 가을이다.

여물어가는 가을에 서서
맑고 거침없는 숨소리를 겨누는
눈자위 속에
가을 잎이 구르는
흐린 날씨였던 그날을 기억하고
온산 가랑잎에 불붙듯

한 아름 꽃다이 피려드는 벅찬 가슴.

창세기를 엮는 산마루처럼
거세게 솟아오르는 젊음을 안는다.

겨울 바다

여름 파도 소리는 여름을 닮더니
오늘의 파도 소리는 겨울 색깔이다.

나는 겨울 바다 위를 스치는 바람소리와
너울을 쓰고 오는 하얀 노래를 좋아한다.

겨울 파도는
한 많은 소리를 가슴에 심은 채
하얀 이빨을 하고 뭍으로 올라와
모래톱과 자갈을 매만지며 잠시 쉬다가

그리고 아무도 없는 바닷가에서
아무것도 남기지 않고
고향 바다로 되돌아간다.

겨울 바다는
기억 속에서 한 번 만난 듯한
뭍의 냄새와 뭍의 색깔을 따라 오늘은 이곳에서 나와
만난다.

우리는 듣는 이 없어도

함께 노래 부르고 싶다.

수많은 바닷소리를 데리고 뭍으로 올라와
아무에게도 줄 수 없이 꿈으로 간직한 사랑을
함께 노래하고 싶다.

환절기

겨울에서 봄으로 건너는 길목에는
겨울감기도 아닌 것이, 봄감기도 아닌 것이
기다린다. 환절기 감기란다.

봄에서 여름으로, 그리고 여름에서 가을로 가는 길목에도
콧물이 쏟아지는 감기를 자주 만난다.
그러면 큰길 네거리의 병원 순례가 시작된다.
내과에서 몸살 감기약을 처방 받고,
그 길 건너 이비인후과로 가서 다시 목감기 치료를 받는다.

종일 누워 있다 보니 허리까지 아파온다.
그 맞은편 정형외과로 가 물리 치료를 받고 약국으로 간다.
네거리를 한 바퀴 돌면 피부과에 안과까지 순례하게 된다.

가을에서 겨울로 넘어가는 애매한 계절에는
팔다리가 쑤시는 유행성독감이 손을 내민다.

아이들은 앓으면서 큰다는데
나는 아마도 앓으면서 주름살이 늘어나나 보다.

네 계절 사이에 또 다른 계절처럼 환절기가 버티고 있으니
이른 봄에서 봄으로, 다시 늦봄을 거쳐 초여름으로
그리고 여름에서 가을, 겨울로 바뀌는 계절 가운데마다
환절기라는 애매한 계절이 하나씩 버티고 있다.

아침을 열고

아침을 깨우는 새소리는
나무와 꽃과 어우러지고
바람과 구름과도 어울려
온전한 하루를 연다.

그리고 골짜기에 고인 햇살 속에서
웃는 모습으로 기지개를 켜며
새로운 오늘을 시작한다.

아침의 싱그러운 햇살은 우리 곁에서 인정스레 웃으며
조용히 다가와 숨을 쉬게 하고,
눈도 뜨게 하고
따뜻한 입김으로 생명을 나눈다.

대지에 가득한 새로운 기운이 영혼을 일깨우면
우리도 가장 자연스런 몸가짐으로,
가장 행복한 마음으로,
새 아침을 여는 일이다.

아무런 간섭 없이 밝고 고운 햇살에 안기면

몸도 마음도 아늑하고 편안한
새로운 하루가 또 그렇게 시작된다.

추분秋分

어느 결에 해가 두어 뼘
소리 없이 거실로 들어와 눕는다.

계절을 바꾼다는 표현이
아주 솔직하게 마루 위에 눕는 것이다.

이제 부끄러움도 없이
여린 알몸으로 가만히 다가왔는가.

검푸른 잎을 자랑하던 여름도,
이미 제철을 건넜고

움직이는 시간은
바람으로 돌아간 듯

흔적을 남기지 않고
다만, 마루 위에 눕는 것으로

하나의 행동으로,
온몸을 던져 표현하는 것이다.

오월에

오월은 맑은 하늘로 축복한다.

축복의 오월은
푸른 산과 나무와 들과 그리고, 온갖 꽃들을 우리에게 선물하며
언제나 다정한 손을 내밀고 웃음으로 맞아준다.

맑고 정갈한 새벽이슬은
아침마다 나뭇잎이나 풀잎의 얼굴을 닦아주고,
흐리고 찌든 도시의 하늘빛도 깨끗이 씻어준다.

찬란한 오월은
맑은 향기로, 시원한 바람으로
눈이 부시게 고운 하늘로
부드럽고 담담한 푸르름으로
우리를 축복한다.

마음 가득 오월로 채워준다.

처서處暑

고개를 들어 구름과 하늘을 보라
아침 저녁 스치는 바람을 보라.

산허리를 타고 가는 안개를 보라
떼 지어 날아가는 새들의 가슴을 보라.

들판에 일렁이는 벼꽃을 보라
마지막 더위로 여무는 곡식을 보라.

바람결에 풍기는 냄새를 보라
가을을 손짓하며 다가오는 계절을 보라.

이 가을에 만나자

가장 아름다운 모습으로
이 가을에 만나자.

잎에서, 꽃에서 열매로
성숙한 성인으로

긴 시간 산고産苦의 시련을 겪고
온전한 생명체로 태어나니,

자연은 꽃 한 송이에도
작은 열매 하나에도
정성을 다해 생명을 불어넣는다.

그리고 아름다운 열매로,
튼튼한 씨앗으로
이 세상에 나온다.

우리는 이 가을에도
정직한 마음으로
아름다운 인연으로 다시 만나자.

아내의 기도

아내의 기도는 길다.
그 긴 시간을
혼자서 묵상하고 기도한다.

정성으로 드리는 기도에는 날개가 있다.
그 기도가
그 소원이 저 하늘로 통하는 시간은 그리 길지 않은 듯
이내 조용한 응답과 함께 내민 손을 잡는다.

마주 앉아 속삭이듯,
다소곳한 표정만으로도 서로의 교감은 충분하다.
늘 감사하며 살아가는 사람의 마음에는 감사의 씨앗이 뿌려지고,
힘써 일하는 사람에게는 일할 수 있는 능력으로 채워주고,
지치고 병든 이에게는 치유할 수 있는 힘을 선물한다.

앞길이 어두운 날에는 밝은 빛으로,
생각이 모자랄 때는 깨우침의 말씀으로,
그리고,

힘들고 괴로울 때는 스스로 앞장서서 인도하신단다.
그래서 아내의 기도는 긴가 보다.

해가 짧아지고

—소한에서 대한까지—

해가 많이 짧아지고
나들이 횟수가 주니
몸은 날로 어리광기가 도진다.

시중 받기가 좋고
늦장 부리거나 게으름 피우기도 좋고
또 편한 것, 편리한 것에 자꾸 이끌린다.

어릴 적 몸살로 누웠던
아랫목의 그 평화는
아직도 이부자리 속에 남아 있으나

세월에 녹고 녹아
박하사탕 같은 단맛은 없어졌지만
그래도 담담하고 고소한 맛은 그대로 살아 있다.

2

청보리밭

씨 뿌림의 정석

거름을 넣고 쟁기질을 하면,
봄볕은 부드러운 속살까지 파고들어
생명의 터전에 새 기운을 불어넣는다.

고랑을 만들고 씨앗을 뿌리고……
순조롭게 싹이 튼 놈들을 위해
축복의 봄비로 아무도 모르게 세례를 준다.

해와 달과 별빛을 모아 친구로 삼고,
바람과 풀과 벌레들로 함께 이야기를 나누며
땅과 하늘의 기운을 모아 커가는 놈들.

가끔은 소풍이나 가듯 나들이를 다니다
새로운 세상도 보고,
떠도는 소문도 듣고,
낯선 환경에 익숙해지는 놀라운 적응력도 생기고

그렇게 온갖 시련을 다 겪고, 이기며
튼튼한 일꾼으로,
좋은 유전인자로
위대한 승리자로 남는 자만이 다음 세대를 약속한다.

지금 농촌에서는

어느 해인가. 제주에는 귤 풍년이 들었다
바다의 향기와 한라산 기슭에서 부는 바람 덕에
탐스런 귤이 가지마다 주렁주렁 열리고 값이 많이 내렸다.
귤밭 주인들은 서둘러 귤을 따서 트랙터로 짓이겼다.

그 다음 해이던가. 남녘 어디엔가에 양파도 풍년이 들었다.
양파밭 주인들도 트랙터로 양파밭을 갈아엎어버렸다.

강원도라던가.
고랭지 배추가 풍년이 드니 농부들은 배추밭에다 트랙터를 몰고
밀어붙이며
가슴이 터지게 한숨을 쉬었다.

올해는 태풍도 빗겨 가고, 날씨도 좋아 과일이나 곡식들이 풍년이란다.
불경기에 허덕이는 서민층이야 좋아할 만한데…….

그런데 그놈의 트랙터가 이번에는 배밭에서 배를 짓

이겼고,

어떤 농부는 '쌀직불제'라는 요상한 정책을 비아냥거리며 벼논을 뭉개버렸다.

과일이나 채소, 논의 벼가 무슨 잘못을 했기에

저처럼 가혹한 심판을 받는가. 트랙터 때문은 아닐 것인데

농사가 잘돼도 걱정, 안돼도 걱정이니 아들딸 시집 장가는 언제 가고

농협 빚은 어떻게 갚는다.

바다에서는 생선이 많이 잡혀도 걱정, 안 잡혀도 걱정일 테니

산촌이나 어촌, 농촌 할 것 없이

풀리지 않는 숙제를 앞에 놓고 몇 년씩 아니 몇 십 년씩 고민을 하는데

진정 저들의 문제는 누가 풀어준다나.

해마다 풍년이 들어도 그들의 손에 들어가는 것은 흉년이 아닌가?

유전자 변형

유월에 서리태라는 검은콩을 심었다.

사흘 만에 싹이 돋은 놈,
닷새 만에 싹이 난 놈,
일주일이 지나고 싹이 튼 놈,
열흘이 지나도 싹이 나지 않은 놈.
서너 주일이 지나서 싹이 겨우 난 놈도 있다.
그러나 반이나 넘게 싹은 나지 않았다.

웬일일까?

내가 구한 콩의 원생산자는 전기탈곡기에다 콩을 털었다.
콩깍지가 탈곡기의 쇠못에 맞아 터지면서 콩은 기절한 채 튕겨 나오고.
쇠못에 맞는 순간 뇌진탕이다.

순간의 강한 충격은 유전자 배열을 망가뜨리고
정신을 잃은 콩은 평생 장애를 안고 살아간다.
거기다 비닐 포장으로 숨통을 죄었으니
겉은 멀쩡하지만 지체장애 2등급쯤일까.

아니, 정신장애 1등급일지도 모른다.

우리는 유전자가 파괴된 콩을 먹고도,
유전자가 온전한 사회에서, 아들이나 딸을 얻어야 하며
날마다 파괴되어가는 환경 속에서
더 나은 내일을 기대하며 가혹한 오늘을 살아가야 한다.

청보리밭

오월.
햇볕 들고, 바람 지나는 언덕에서
산자락을 비스듬히 베고 누운 보리밭은
바다 위에 뜬 푸른 궁전이다.

바람에 일렁이는 가슴은 그리움을 낳고
그리움은 사랑을 낳고
사랑은 몸짓으로, 흔들림으로 신명나게 춤을 춘다.
저녁나절 고운 햇살에 싸여 온몸으로 춤을 춘다.

계절을 타고 오는 바람이 봄을 휘젓더니
오늘은 푸른 보리도 춤을 추게 한다.
바다가 웃음으로 흘린 가벼운 눈짓을 보며
산과 들에 피어 있는 꽃들도 덩달아 춤을 춘다.

오월로 달리는 태양,
향기로운 풀 냄새, 정갈한 푸른빛,
멧새들도 오늘따라 날갯짓이 가볍다.

바람이 푸른 보리 이삭과 만나면
그들은 이내 춤추는 바다를 닮아간다.

그래서 바닷가 언덕 위의 푸른 보리는
물결처럼 혼자서도 춤을 춘다.
감기면 풀리고, 굽으면 펴지고,
안기고 보듬으며
기름진 몸매로 너울너울 춤을 춘다.

생태계의 구조

상추밭에는 상추를 닮은 풀이 상추와 함께 자란다.
부추밭에는 영락없이 부추 같은 놈이 산다. 잡초라 부를까?
완두콩밭에서도 완두콩을 닮은 놈이 있고,
당근밭에는 어린 당근 잎과 구별하기 어려운 놈이 있다.

좁은 길에도 무성한 풀이 해마다 나고 자라고 하더니
이젠 아예 사람들의 인내심에 도전한다.
외국에서 묻어온 놈들도 의젓한 모양새로 뽐낸다

상추밭의 잡초는 상추의 경쟁 상대인가 보다.
그렇다면 부추밭의 잡초도 그런 특별한 사명이 있을까.
자연의 변화나 환경에 적응하는 능력 또한
생태계를 건강하게 만드는 일일지도 모른다.

작은 풀일수록 일찍 꽃을 피워 종족을 번식하고,
더러는 채소나 곡식을 닮아 몸을 숨기며 살거나
어떤 놈은 사생결단의 각오로 맞선다.
그런 극단적인 투쟁에는 지는 게 이기는 일이다.

잡초는 봄에 뿌리째 뽑으면 번식의 기회를 놓치지만
그렇지 않고 봄의 문턱만 넘으면 꽃으로, 씨앗으로 흩어지거나
잎이나 줄기를 버리는 한이 있어도 뿌리는 땅속으로 줄기를 친다.
그 줄기에서 새싹을 키운다.

그놈들의 친구는 작은 벌레이거나 미생물이다.
서로 도와가면서 먹이사슬을 만들고 더러는 먹이사슬이 되어
이웃들과 함께 살아가는 희한한 생태구조다.

그놈들은 기름진 땅보다는 척박한 땅을 개척하며
곡식이나 채소가 힘들어 하는 곳에서
가뭄이나 풍수해에도 견디는 DNA를 만들고
역경이나 고난에서 오히려 진화하는 우수한 종자인가 보다.

농부의 밀짚모자

밀짚모자로 얼굴은 가려도 아는 사람은 다 알지.
먼 빛으로라도 그를 알아보지
빛더미에 눌려 고개 들기가 무서운 세상을 살아가자니
해 진 들녘에서도 밀짚모자 훨훨 벗고
크게 숨 한 번 못 쉬고 살아가는
늙은 농부의 여름 모자지.

상추 비빔밥

상추밭은 그늘이 깊고 속살이 부드럽다.
호미를 던져두고, 맨손으로 밭고랑 사이사이를 더듬으면
초여름의 바람 같은 간지러움이 손끝에 맴돈다.

잡초를 뽑고 북돋우고 하다
손이 자주 가거나 웃자라는 것부터 솎으면
늘 신선한 채소가 밥상에 오른다.

이맘때면 등나무꽃이나 오동꽃, 찔레꽃 향이 좋아
상추와 녹음을 한데 섞어 비비면
초록이 넘치는 5월의 성찬盛餐이다.

풀벌레들의 춤

불운의 시대에 살려면
종일토록 해가 중천에 뜬 대낮을
그렇게 쉽게도 잊을 수 있다.

긴 여름을 보내고
무성한 풀잎 속을 헤매던 너의 어린 날이
오늘은 찬란한 날개를 가졌구나.

빛이 있을 때까지
오만한 너의 집념은 원무圓舞를 이루다
어둡고 깊은 밤바다 위에 거룩한 죽음을 수놓는다.

그래도 살아 있음이여
너의 작은 생명이 살아 있음이여
어쩌면 마지막을 장식하는
너의 두 날개의 힘이 빛을 발견하였는가.

실의失意의 어둠과 슬픔을 잊은 숨 가쁜 세월이
저만치서 손짓하는 내일을 향해
네가 몸을 던지면 고귀한 희생은 밤 인사도 없이
그리고 자고 깨면 아침 인사도 없구나.

햇빛농원

텃밭에서 흘린 땀을 그늘에 앉아 닦는다.
맑고 시원한 바람이라도 불어오면
하늘에서 너울대는 구름처럼.
겨드랑이에 날개가 돋는다.

우물의 시원한 물맛이
손등에서, 얼굴과 목에서 바람을 만든다.

빨랫줄을 타고 놀던 수건은
오가던 바람의 냄새와 햇볕의 싱그런 기운을
내게 몽땅 건네준다.

수건에 묻은 바람의 냄새와
햇볕을 따라온 따뜻한 기운이
신기한 마술처럼 내게로 옮아온다.

부지런한 농부

농부는 봄부터 가을까지 부지런히 일을 한다.
해가 뜨면 일을 하고, 해가 지면 쉰다.
편한 단잠이 보약이다.

햇볕과 농부의 땀은
잘 여문 열매가 된다.

현명한 농부는 오늘 할 일과 내일 할 일을 안다.
낟알이나 열매가 많으면 비바람이 알아서 떨군다.

그러면 이듬해에는 적당히 게으름을 부리면서
해거리라는 휴식을 즐길 줄 아는 멋이 있다.

농부의 슬기로운 삶이
훌륭한 교훈으로 살아 있으니

이제 일상으로 돌아가
부지런히 살아온 농부의 속마음을 들여다보자.

3

지리산 언저리에서

산사에서

햇차를 나누고
일찌감치 잠자리에 들다.

자다, 깨다.
자다 깨다, 자다, 깨다.

물소리
바람소리
새소리.

봄비로
새 잎들이 다투어 얼굴 씻는 소리.

구름이 나지막하니
먼 산등성이를 넘고

새벽잠까지 앗아가는
소쩍새 울음소리.

낙서암

낙서암樂西庵에서 보이는 것은 산이요, 하늘과 바다뿐
서산 그림자도 조용히 오늘을 마무리한다.

산사의 밤은 바람이 먼저 오고
바람 뒤에 맑고 상쾌한 깨끗함이 구석구석을 골고루 씻고 지나간다.

어둠은 우리 모두를 잠재운다. 하늘도 땅도 조용히 잠을 잔다.
세상에 이는 온갖 번뇌도 잠들게 한다.

먼동이 트고, 고운 해가 뜬다.
조그마한 깨침이나마 아침 해처럼 찾아오려는지…….

아침은 풍요롭다
가진 게 없어도 좋고, 생각이 짧아도 탓할 이 없는 화목한 공간이요,
주고받는 게 없어도 마음은 늘 넉넉하다.

산사山寺에서 보는 저녁놀은 아침의 황홀함보다 더
장엄하고, 더 신비하고, 더 멋스러워

이름도 낙서암樂西庵이라
서역 만리까지 보이는 듯하다.

쌍계사 골짜기

쌍계사 골짝의 물소리는
바람을 타고 너울너울 일렁인다

큰 소리는 이내 작아지고
작은 소리는 은은함이 간절하니

새로 돋는 나뭇잎 사이를 지나
봄비에 씻긴 파란 녹차밭을 지나

산 위의 구름까지 갔다가
우리 마을을 지나, 섬진강에서 몸을 씻는다.

바람결에 밀려온 개울물 소리는
여울을 지나 골짜기를 누비며
밤하늘로 날리는 새로운 노래를 엮는다.

다시 산사에서

좁은 산길
고개를 숙이고 오르다.

이마의 땀을 닦으며
쉬엄쉬엄 오르니 그 암자인가.

지는 해를 보면서
고마움으로 하루를 맺는 너그러움

지난해에 듣던 소쩍새 소리와
바람 지나가는 소리.

개울물 소리에 섞여
앞산 뒷산이 소곤대는 소리만 있고…….

초롱초롱한 별들이 자리를 바꾸는 새벽에는
저들도 옷을 갈아입고 해탈을 하려나 보다.

솔잎차

일 년 내내 하루도 거르지 않고
햇볕을 받으면 햇볕과 놀고
바람을 맞으면 바람과 함께 산자락을 지키다가

천수를 다하는 날엔
저 세상에서 무엇으로 다시 태어날까.
멋스런 기품과 푸른 생명력이
아마도 오래오래 우리 곁에 머무를 법한데

솔잎은 그 모양 그대로인 채
머금은 향기까지 다 돌려주고
내 몸을 공덕으로 바치며
늘 푸른 마음으로 함께 살아 달라 이르누나.

섬진강

섬진강은 천천히 흐른다.
바쁠 것도 뒤좇을 일도 없단다.

모래톱에 얽힌 사연이
모래알만큼이나 많고 많은 사연이
천천히 씻겨 흐른다.

세월이 바뀌면 또 다른 사연이
섬진강 물처럼 가득가득 흐르다가
모래알만큼이나 많은 사람들의 이야기를 엮는다.

남녘땅에서 피고 지던 이야기가 하도 많아
강바닥의 모래알만큼이나 많아
섬진강은 그 무게로 천천히 흐른다.

강 이쪽에서 손짓하면
강 저쪽에서 반갑게 인사하는 사람들.

강바람에 실려 보내는 고달픈 세월이
한 겹 두 겹…… 허물을 벗는다.

화방동산

화방동산은
바다가 보내주는 시원한 바람과
파란 하늘이 짝을 이루고,
소나무 숲 사이로 들려오는 풍경소리를
벗삼아 살아가는 사람들의 보금자리라네.

세월의 수레를 타고 앉아보면
괴롭고 슬펐던 일이나
기쁘고 즐거웠던 시간이

어렵고 힘들었던 일보단
그래도 보람 있고 좋았던 일들이
무지개처럼 선명하게 보이는 곳이기도 하다네.

오늘도 지나온 날을 뒤적이면
아니 지내놓고 보면 모든 게 다
우리가 한평생 살아온 자취고
아들딸 낳아 기르고, 뒷바라지한 지난날이 아니던가

이제 몸도 마음도 지치지 않았겠는가
못다 한 일이나 남은 인연일랑

틈나는 대로 서운치 않게 정리하고…….

오가는 계절이야 때가 되면 바뀌지 않던가
가고 오는 인생길도
그렇게 바뀌어 가는 것이라네.
생의 전환기를 몇 번 거쳐야
편한 세상도 있다는 것을
비로소 알 때, 그때가 지금이 아니겠는가?

세월은 세월대로 맡겨 놓고,
솔밭 너머로 보이는
푸른 바다의 이야기나 듣게나.

다시 섬진강에서

섬진강,
어머니같이 다정하고
어머니같이 말없는 이들이
서로가 서로에 기대어 살갑게 살아간다.

소리꾼의 딸도 섬진강에다 목을 씻고 씻어
한스런 한평생을 흘려보내고,

농사꾼은 농사꾼을 낳아
강 언덕을 오르내리며 한숨짓게 하던 이 강,
천년 세월이 구름처럼 떠돈다.

올해도 봄이 오고 꽃이 피면
구름인가 안개인가가 나직이 깔려
하루에도 한두 번은 입맞춤을 하고 간다.

섬진강, 길고 긴 강줄기는
하늘의 별보다 많은
강바닥의 모래알보다 많은
세상 이야기를 보듬고 흐른다.

차향기

쪽빛 남해의 잔잔한 파도는 봄을 실어나른다.
진한 흙냄새가 코끝에 닿고
녹차나무 잎이 세상으로 팔을 벌리면
우리는 연둣빛 찻잎을 딴다.

손끝에서부터 온몸으로 스미는 봄기운과
부드러운 햇순이 바구니 속에서 한식구가 된다.

그리고, 가마솥에 덖고, 멍석에다 비비면서
넋은 이승으로 이끌리어 맛으로 환생하고
몸은 우리 곁에서 말벗으로 남는다.

차맛 그 순함이,
그 담백함이
그 은은함이 방안 가득 넘쳐난다.

고향 가는 길

덕유산 물줄기를 따라
물줄기마냥 굽은 신작로를 따라
새로 포장된 아스팔트길을 따라
해발 500
옹기종기 뒤웅박만한 마을

그곳에서는 늘 고향 냄새가 난다.
골목에서 낯선 젊은이를 만나면
저놈은 황서방을 닮았군.
저애는 오서방네 딸일 거야, 아니
정서방네……

뒷짐을 지고 하루에도 몇 번씩 쳐다보았던
눈이 시리도록 파란 하늘 아래
흙냄새에 섞여 풍기는 고향 냄새.

한평생을 일구고 가꾸고 해도
한 해를 다 살고 나면 남는 건 시원한 물맛뿐
한 가지 더 있다면 땀방울을 씻어주는
산바람의 맑은 소리겠지.

고향으로 가는 길은 마음 설레다가도
정작 고향집 앞에 서면
가슴 텅 빈 허전함이여!
뒤돌아보는 고향은 그리움으로만 남는 곳이다.

바람이 머무는 곳

골짜기를 스쳐온 바람이 처마 끝에 머물고
새벽이면 작은 암자의 풍경소리가
나무들의 단잠을 깨운다.

그것은 바람의 영역이다
바람은 소리를 만든다

꽃도
풀도
새도
바람결에 실려 오는 이야기 속에 있다

그 속에 숨은 소리는 무엇일까

바람이 나누어주는 덕담이려니 하나,
그놈의 행과 불행은 늘 엇박자다.
하늘이 가깝게 내려앉는다.
시간이 흘러 이제 잊으려 해도
잊으며 산다 해도
세월은 멈추지 않는다.

바람은 언제나 바람이고,
달은 언제나 가진 것 없는 벌거숭이.

그래도 밤바다를 건너는 별들을
그 품에서 놓지 않는다.

그 끈을 놓게나

억세게도 질긴 인연이런가
하마 버리고 떠나도 벌써 갔을
편한 세상도 있다 하던데
왜 얼른 가지 못하고, 저렇게 몸부림치는가.

가지고 온 것 하나도 없었으면
가지고 갈 것도 없지 않은가
그런데도 망설이고 머뭇거리니

세상 다시 보게나.
그저 제자리에 둘 것은 두고
홀가분하게 떠나게나.
미련은 부질없는 거야, 잘 알지.

아낌없이 버리고 가게나.
쓸모 있는 건 다시 쓰면 될 것이고,
못 쓸 것은 쓰레기로밖에 더 나가겠는가.
그렇지, 마음을 비우고 가벼운 차림으로 떠나게나.
문지방만 넘으면 저승이라 하지 않던가
우리는 어느 네거리쯤에서 다시 만나게 될 거야.

4

산책로

안 개

계절을 앞서가는 바람에는
봄도 겨울 속에서 싹트고
여름은 길거리에 흩어져
여기저기 짧은 그림자를 만든다.

여름의 언저리에서 뿌려놓았던 안개는
한동안 숨죽인 채 잠잠하더니
강과 골짜기와 산자락을 따라
슬금슬금 기어오른다.

안개가 강을 덮으면 계절은 바뀐다.
여름 내내 시달리고 힘겨웠을 강물을
고운 마음으로,
하얀 입김으로 위로한다.

이제 빈 들은 마른풀이 덮어주고
골짜기나 산은 가랑잎 신세를 진다.
숫기 좋은 안개는 강물도 덮어주고
들이나 골짜기도, 앞산까지도 말끔히 감싸준다.

비둘기와 낙원

비둘기는 빌딩 사이를 아슬아슬하게 나는 재간이 늘었다.

한눈을 팔면 번쩍이는 유리창이 방향 감각을 빼앗고
상처 난 깃털을 또 하나 잃어야 한다.

검은 유리창은 거대한 빌딩을 치장해주지만
이곳에서 살아가는 새들에는 외계의 거물이자 잔인한 침략자다.

그들은 빌딩 사이에서 이는 매캐한 냄새와 회오리바람을 타고
곧장 앞으로 날아야 한다.
바람타기가 서툰 놈은 괴물의 벽에 상처를 입는다.

앞에서 보나 옆에서 보나 빌딩 안은 늘 검은색 불빛만 있다
누가 무엇을 하는지, 무슨 일이 일어나고 있는지 모를 일이나
내게 궁금한 건 편안한 보금자리가 하나 둘씩 사라지고,
다시는 옛 모습을 찾을 수 없는 안타까움이다.

지친 날개를 접고 지붕 위에 앉으면 때 묻은 문명의 감촉인가
시멘트 냄새가 발가락을 타고 올라와 온몸이 가렵고 간지러워
이내 자리를 떠서 새 쉼터를 찾는다.

그래도 공원 안의 몇 그루 나무는 제자리를 지키며
무성한 가지로 비바람이나 따가운 볕을 막아주고
날개 접는 비둘기의 쉼터가 된다.

종일토록 빌딩숲을 맴돌다
지친 날개와 허기진 몸을 잠시나마 쉴 수 있고
이 삭막한 거리의 가족이 되어 아침저녁 만나는 것만으로도
내 마음이 기쁘다.
정말 내 마음이 기쁘다.

시인상詩人像

눈부신 빛이 그리워 천년이고 만년이고 울먹이던 가슴
젊음을 캄캄 어둠 속에서 보낸 바위도 그것이 종교였고, 철학이었던
어느 날이고를 거슬러 올라가면 태초가 되는 그날에 스스로 지녔던
무색無色의 마음이다.

바위는 그 나체에 곡선도 가시고, 눈물 자욱엔 사양해도 좋은 이끼가 뿌리를 드리우고
아름다워야 할 하늘 밑에서 울음으로 살아온 그에게도 기어이 눈물이 맺힌다.

몇 해고 묻혀 살던 숲이 벌이 되고 벌을 따라 눈바람을 따라
칠팔월 쨍쨍 햇살과 산이 무너지고 하늘이 맞닿아도 좋을 커다란 노도와 함께
핏빛으로 터져 울려오던 메아리를 듣는 장엄한 순간이다.

엄숙한 대답이었다.

사랑하여야 할 사연을 찾은 바위가 이웃의 바위와 만남은
달 밝은 골이 있고, 솜처럼 따스시 녹아난 약수가 샘물처럼 흐를 믿음이었다.

마음 편한 것이 좋다

나는 편한 옷이 좋다.
색깔도 수수한 게 좋고, 모양도 평범한 게 좋다.
소매 끝에 너덜너덜 달린 쇠단추는 공연히 거북스럽다.
속옷의 단추도 두 개면 족하다.

집에서 먹는 밥은 속이 편하다. 아내 솜씨 덕에 반찬 가짓수가 많다
밭에서 갓 뜯어온 채소로 이것저것 나물을 만들고,
국이나 찌개도 삼삼하다.
세 끼니를 다 먹어도 속이 편하다.

요즘은 미각보다 후각에 신경이 쓰인다.
숲 속에서는 나무 냄새가 좋고,
들판에서는 풀 향기가 좋다.
야생화의 순한 냄새나, 도라지나 더덕 냄새도 좋다.
그래서 자주 산이나 들을 찾는다

논밭에서 익어가는 곡식도 제 나름의 냄새가 있다
밭두렁을 걸으면 잘 익은 수박 냄새의 싱싱함이
흙냄새에 섞여 여름 맛을 한껏 돋운다.

산골짜기

양지로, 양지로 한참 눈 녹인 봄볕이 펴져 이룬 계곡에
말끔히 닦기운 한나절은 산맥이 빚어준 억센 소리와도 같은
훈훈한 형상으로 벌판을 뛰고 큰 바다를 넘보며 지금도 힘찬 숨을 쉰다.

푸르지 못한 고산식물의 엉성한 틈바구니의 철탑과
창백하니 씻기운 옛말을 주고받는 산마루 아래
주름 잡힌 나목[마른 나무]의 대동맥에 수액이 새파랗다.

녹색으로 살찐 계곡에 티없이 맑은 향기로움은
숨은 애인이 그를 위해 마련한 성찬.
나를 위해 하느님께 속죄의 기도를 드릴 것은
오직 마리아
순결한 처녀다.

산과 골짜기
너의 운명은 조상으로부터 물려받은 형벌
평생 하나이면서 둘이 되어 산맥으로 이어지는
아름다운 이름을 하나씩 붙여준 하늘의 별들과 손을 잡는다.

공간 나누기

멧새나 뱁새들은
풀섶이나 개울가 가시덤불에 몸을 숨기고
풀씨나 작은 벌레를 먹이로 한다.

참새는 날개가 튼튼하다
이 언덕에서 저 언덕까지 단숨에 날아
몸을 숨긴다.

까마귀나 까치는
왜
키가 크고 가지가 무성한 나무에 집을 짓는고.

비바람이 불어도
눈비가 와도 아무런 걱정을 않고
단칸방에서도 행복하게 살아간다.

겨울 철새가 떠나면 여름 새가 그 자리를 대신하니
그들은 자리다툼이나 먹이다툼도 하지 않으며
가면 오고, 오면 간다.

들녘 낮은 곳에는 날개 약한 새가 자리하고,

높이 나는 새는 높은 곳에서
더 넓은 공간을 차지한다.

날짐승의 질서는 날짐승들의 것이다.
높낮이를 구분하는 지혜가 살아가는 질서를 만든다.

적과 동지

1

영리한 까치들은 마을 사람들을 알아본다.

일 년, 열두 달 내내 그들과 이웃하고 함께 살기 때문이다.

마을 사람들의 크고 작은 말소리,
골목을 오가며 떠들썩하게 노는 아이들의 개구쟁이 짓,
집집에서 풍기는 음식 냄새
갈고, 씨 뿌리고, 거두는 일,
계절에 따라 일어나는 온갖 일을 입체적으로 안다.

밭을 갈면 뒤따르면서 벌레를 쪼아 먹고
가을걷이하면 떨어진 이삭으로 배를 채운다.

그리고 낯선 사람이 오면
짹 짹 짹.
낯섦의 표현이 마을 사람들에게는
오랜만에 오는 반가운 손님으로 인식되어 있다.

그런데

언제부턴가 생태계가 인위적으로 파괴되면서
까치는 농작물을 해치는 '유해조수'라는 불명예를 안고
마을 사람들의 적이 되었다.
운명은 이렇게 한순간에 바뀐다.

2

비둘기의 날갯짓에서는 평화가 흩날린다.
훌훌, 훌훌…… 무더기로 평화를 날린다.
앙증맞도록 귀여운 모습에서 평화가 만발한다.

도시의 공원이나 광장을 배회하며
우리 곁에서 우리와 함께 살아가는 이웃에서
평화를 선사하던 비둘기의 운명도 그렇게 바뀌는 것인가.
그도 유해조수로,
어제의 동지에서 오늘의 적으로 바뀔 것인가.

임진강 건너

임진강은 서럽도록 긴 세월에 매달려
조국의 역사를 갈라놓고
산기슭마다 흰 깃발을 꽂았다.
—그곳이 남방 한계선이라던가—

휴전선
지번도 애매한 산골짜기에
절규하던 포연이 머물다 간
애련한 그림자로 태어났다.

저주와 분노, 그리움과 좌절에 못 박힌 저 지점은
악의 없이 민둥한 산마루인데
너는 불행한 좌표 위에서
고향을 불러보는 안타까운 몸부림이다.

때때로 바람이나 찾아와 흔드는 깃발은
고달픈 날개
날지도 못하는 하얀 새의 서러움일런가.

꽃

꽃은
은밀한 작업으로
활짝 웃는 해님과 눈맞춤을 하고
스스로 꽃잎을 터트리며
우리가 모두 함께 살아갈
이웃으로 태어난다.

그리고 햇빛이 나면 햇빛을 받고
바람이 불면 바람을 쏘이며
긴 여로의 고달픔이 생명으로 둔갑한다.

산책로

좁은 산책로에서 마주치면
잠시 제자리에 서서 길을 비켜준다
양보 받은 편한 길에서
고맙고 너그러운 상대를 보고
'안녕하세요'나 '건강하시죠'가 보답의 전부이나
'예, 안녕하세요'라는 응답이 오늘따라 더욱 고맙다.
줄곧 앞만 보고 살아왔거나
세월처럼 지친 삶에서 얻은 무표정이
단조로운 산책로를 오간다고 표백될까마는
그래도 홀가분한 마음이 마주치는 곳이다.

고향의 느티나무

큰 나무는 큰 그늘을 만든다.
햇빛을 받은 만큼 그늘로 가려준다.

풀잎은 풀잎대로 할 일이 있다. 작은 벌레들의 놀이터이거나
큰 벌레들의 전쟁터가 되기도 한다.
그러나 나뭇잎은 아무 편도 아니다.

큰 새는 큰 집을 짓지만 작은 풀섶은 뒤지지 않는다.
하늘은 스치는 구름도 거센 비바람으로 그 위력을 자랑하기도 하니
여름날의 뙤약볕을 가려 산과 들에 편안한 안식을 준다.

꽃은 빛깔과 향기로 이웃을 즐겁게 해주며
벌은 제 양식을 원하는 만큼 나누어주는 너그러움이 있다.
내가 줄 수 있는 것이라고는 받은 것의 아주 적은 부분이니
저 나무만큼, 저 구름만큼 베풀 수 있는 덕이 왜 없을까

5

재벽에

새벽에

새벽 시간이 빠져나간 자리에서 뒤늦게 일어나
산책길에 오르면
살아온 이야기의 연속편이
안개처럼 희미하게 깔린다.

오늘은 무슨 이야기가 떠오를까.
반백 년쯤 지난 옛날
폐허의 서울 거리에서 만난 사람과

자리끼가 언 방에서 읽던 이야기 줄거리는
이제 까마득히 멀어져 가고…….

사랑이, 인생이, 또는 자유와 정의가 뒤엉긴
좁은 골목길 같은 삶만이 보인다.

산

내가 향기 좋은 찻잔을 앞에 놓고
먼 산을 바라보듯
그대도 묵직한 저 산의 무게를 닮아주게.

산은 생각의 높이이네
내 영혼이 고달픈 길을 헤맬 때도
그대만은 겸손한 자세로
저 멀리 보이는 깊은 골짜기의 그림자마냥
의젓한 몸가짐을 가져주게.

간간이 산바람의 시원한 맛이
아직도 코끝에 있음은
그게
골마다 언덕마다를 넓은 치마폭처럼
주름 잡아 놓은
산의 너그러운 마음이 아니겠는가.

산은 생각의 높이를 쌓고
또 그토록 오랜 침묵을 묻고도
어제와 오늘과 내일을 조금씩만 풀어주는
무던히 끈질긴 성품으로

지금도 저렇게 솟아 있네.

친구여 우리도
여기 이렇게 앉아서
산의 깊이를 파보세.

한계령 주전골

하늘이 길을 열었나.
골짜기를 스치는 바람이 먼저 길을 열었나.

억센 힘으로 마구 빚은,
트림하는 바위가 천 길, 만 길이나 솟아오르니

골이 깊어 대낮에도 햇빛이 흐리고
달빛도 비껴가려나.

수직으로 뚫린 하늘길이라
한눈으로는 다 볼 수 없어 두세 번 고개를 고쳐 드니

높이 솟은 바위 위의 소나무
새처럼 날개를 활짝 펼치고

밤마다 하늘을 나는가
골짜기의 바람을 타고 하늘을 나는가

바람 소리, 물소리에 태고적 고요가 녹아 흐르는
한계령, 깊은 골짜기에
어쩌다 햇빛 한 조각 찾아오면

고운 속살이 드러날까 얼굴을 붉히니

아직도 수줍음이 남아 있는
앳된 모습 그대로구나.

저 숲에는 무엇이 있나

숲은 이름뿐.
이젠 자연의 한 부분이 아니다.
잡목이 많이 우거졌다고 해서
산을 찾는 사람들이 많다고 해서
등산로나 둘레길이 잘 다듬어졌다고 해서,
좋은 숲이나 좋은 산은 아니다.

숲에는 함께 사는 이웃이 있어야 한다.
숲을 사랑하는 사람도 있고,
숲에서 위로 받는 사람도 있고,
숲과 함께 하는 물과 바람과 햇빛도 있고.
가랑잎을 뒤집어쓰고 사는 작은 벌레와
도토리를 먹이로 하는 다람쥐나,
꽃에서 꿀을 얻는 벌과 노래하는 산새가 함께 살아야 한다.

봄부터 가을까지 피고 지던 야생화
고운 노래를 부르던 그 많던 산새들,

숲을 살찌우던 벌레까지도
먹이사슬에서 멀어져 갔으니

숲을 숲으로 가꾸지 않으면
새들의 빈 둥지와
키만 큰 잡목과 덜 썩은 가랑잎이
숲을 지키는 외로운 파수꾼으로 남겟다.

쑥개떡

이로운 먹거리는
우리와 아주 가까이에 있다.
손쉽게 얻으며
씻고 다듬어 날로 먹거나
익혀서 먹기에도 편하다.

길옆이나 묵밭 아니면 논두렁 밭두렁에
지천으로 흔한 것이 쑥이다.

쑥은 색깔이나 맛이
우리네 시골 인심을 닮았다.

솥에 쪄, 절구에 찧으면
서로 섞이고 엉기어 존득존득한 떡이 되니
멥쌀이라도 한 줌 넣으면
봄철에나 맛볼 수 있는 별미의 쑥개떡.
보릿고개를 넘기던 시절엔
효자 노릇을 톡톡히 한 쑥개떡이다.

쫄깃쫄깃 씹히는 맛이나
목구멍을 타고 '꿀떡' 넘어가는 소리까지 정겹다.

움직이는 산

경춘선 기차를 타면
북한강이 차창에 가득 담기고
강물 속의 산은 거꾸로 서서 춤을 춘다.

산은 그 자리에 그냥 있건만
물에 잠긴 산은 춤을 춘다.

움직이는 기차에서 보면 모두가 움직이고
서 있는 기차에서 보면 그것들은 다 제자리에 서 있다.

마음이 움직이면 생각도 따라 움직이고,
생각에 따라 보거나 보이는 것들은 다 움직인다.

중심을 잃은 채 사물을 접하면
그 사물 또한 중심을 잃은 존재가 된다.

물속에서 움직이는 산도
내가 움직이고 있음이다. 그 방향으로

수락산 끝자락에는

실개천을 끼고, 길게 늘어선 슬레이트 마을에는
생선 박스로 만든 화분,
깨어진 질그릇을 철사로 동여맨 화분,
플라스틱이나 석유통으로 만든 재활용 화분들이
집집마다 대문 앞에서 문패를 대신한다.
봄에는 상추, 쑥갓, 배추를.
여름에는 고추나 파를 심고
가을에는 호박잎이 무성하다.
철 따라 피는 채송화, 봉숭아, 맨드라미, 접시꽃, 백일홍 들이
골목 안을 환하게 꾸민다.

서양 이름의 낯선 꽃은 눈에 띄지 않고
수수한 우리꽃이 주인 노릇을 하는 서울의 변두리 상계 4동

덕릉고갯길은 이리저리 굽은 골목이요,
살아가는 이야기가 구물구물 새어 나오는 마을이다.

골목길 같은 인생살이에서 만난 할머니들은 둘씩, 셋씩 모여 앉아

건너편 산동네로 지는 저녁해와
그림자도 없이 스르르 없어지는 놀을 배웅하며
뉴 타운으로 들뜬 소문을 안고 살아가는 마을이다.

도토리 여행

가을이면 도토리도토리는 6형제란다. 갈참, 굴참, 졸참, 떡갈, 신갈, 상수
리는 땅으로 이사한다.
눈 깜짝할 사이에 대기권을 뚫고 안착한다.
세상에서 가장 빠른 여행 일정이며
순식간에 홀로 서야 하는 놀라운 변화다

떽떼구루, 떽떼구루.
스스로의 무게로 가랑잎을 뒤집어쓰고 몸을 감춘다.
바람이 뒤척여주는 가랑잎 속으로
깊숙이 몸을 숨긴다.

도토리는 왜 갸름하고 반질반질할까
귀공자이거나, 날쌘 무사의 모습을 닮아
가랑잎 밑으로 소리 없이 파고들며
몸을 숨기고, 뿌리 내릴 곳을 찾는 놀라운 본능.

겨울 거친 바람이 불면
가랑잎은 이리저리 흩날리고, 도토리는 알몸이 된다.

온갖 위험한 고비를 겪는 시련의 겨울이다.
먹이사슬에 드러난 숨 가쁜 시간들.

그러다 눈이라도 내리면
계곡에도, 가랑잎 위에도 눈이 쌓이고
촉촉한 물기가 신화처럼 생명을 불어넣는다
온도와 습도는 도토리의 새로운 탄생이다.

그리고 봄기운이 감돌면
살아남은 도토리들은 새 생명으로 태어난다.

갸름하고 날렵하여 재빨리 숨는 솜씨,
밑이 넓적하여 몸통을 바로 세우고, 뿌리 내리기가 이렇게 편할까.
이 모두가 타고난 본성이 아니면,
다른 나무들과 함께 살아가라는 자연의 섭리다.

제주 귤

너는 우리네 가족으로 귀화하여
본적지가 한라산 끝자락 외돌개의 양지바른 귤농장이구나

바닷바람을 벗삼아,
새소리를 이웃 삼아
꽃을 피우고 열매를 맺더니

봄에서 여름, 가을 겨울에 이르는 동안
별빛 아래서 숱한 꿈을 키워가며
이리도 고운 맵시로 탈바꿈을 하였구나.

이제 파란 잎에 싸인 황금빛 보배가 새로운 생명으로 태어나
신맛에서 단맛으로, 시원한 맛까지 보태어
마지막 치장을 하면

겨울바람을 타고 멀리멀리 와
우리와의 첫 만남이 신선한 입맞춤이구나.

또 다른 나들이

팔당에서 양수리의 문호리를 거쳐 가면서 북한강의 맑은 물을 굽어보아라.

이 산 저 산의 골짜기를 더듬어 가며 걸러 낸 맑디 맑은 물.

청평댐은 언제 보아도 시원한 물로 가득하다.

유명산을 거쳐 양평으로 빠지면 남한강이 금방 발 아래로 흐르고

강 건너 분원마을이 섬 모양으로 떠 있다.

하루에 두 강을 구경할 수 있는 나들이 길이 편하고 즐겁다.

강 이쪽 저쪽에 친구가 있다 하나, 혼자서 조용히 그 곁을 스쳐 지나자

이것이 나들이가 만들어 준 '홀로 서기'의 연습이란다.

6

바람의 길

바람의 길

바람에도 색깔이 있고 냄새가 있다.
무늬도 있고, 나이도 있으며
시샘하는 야속한 소가지도 있다.

그래서 바람도 때로는 혼자이고 싶어
멀고 힘든 여행에서 돌아오는
나그네의 심정이다.

바람은 그냥 흘러가는 것만이 아니다.
차곡차곡 쌓이고 덮여서 세월을 만들고
세월의 무게로 골짜기를 넘고,
들을 건너 산으로 기어오르다가도

때로는 혼자이고 싶다.
멀고도 힘든 여행에서 맛본 나그네의 외로움
그 외롭고 쓸쓸함이나마 간직하고 싶다.

오늘도 들녘에 서서
지는 해를 보고 있으면 유난히도 크고 둥글다
하루의 마지막을 장식하는 엄숙한 시간도 혼자서 지켜보고 있다.

수요일에는

그래,
수요일에는 물을 주어야지
목말라, 애타게 기다리는 꽃들을 생각해야지
내 작은 정원의 꽃들을 보살펴야지.
다국적 문화로 장식한 그놈들을 보살펴야지.

봄에서 여름, 가을을 지나
해가 바뀌고
꽃이 피고 지고

새 잎이 나고
그 잎이 지고 하는 동안에
마음을 활짝 열고
손때 묻은 사랑을 얼마나 받았나.

마주칠 때마다 눈인사를 하면
흔들리는 몸짓으로,
옅은 향기가 섞인 눈웃음으로만 받았나.
아니면 먼 산 바라보듯 그렇게 바라만 보았나.

올해도 손길이 닿는

눈길이 닿는 곳마다
고운 색깔로 단장하는 꽃이 피고, 잎이 피겠지.
아니 잎이 피고 꽃이 피겠지.

자동유리문 1 수술실

병원의 자동유리문은 환자와 가족을 갈라놓는 경계구역에 있다
이승과 저승 사이의 좁은 통로이기도 하다

그 문이 소리 없이 열리면
환자는 낯선 공간 속으로 밀려들어 간다.

싸늘한 공기에 섞인 소독 냄새가 바깥세상과는 딴판이다.
흰 가운에 흰 모자. 흰 마스크로 단장한 거구의 사나이와,

파란색 가운에 모자와 마스크로 가려 얼굴을 알 수 없으나
목소리로 여자임을 알 뿐…… 다들 침착하다.

삶과 죽음의 갈림길에서의 마지막 질문은.
이름이 무엇이지요. 나이는? 병명은……

넓은 공간, 밝은 조명 아래
머리와 코, 목과 가슴 팔다리의 움직임이 모니터에 곡

선 그래프로 표시되고

침대에 누운 채 입에 마스크가 씌워지면 곧바로 저승길로 가는 것 같다.
두서너 번 숨을 쉬면 내가 아닌 남으로 무의식 상태에서 몇 시간을 헤맨다.

꿈도 아니고, 현실도 아닌
완전히 빼앗긴 공백의 시간 속에서

반나절쯤 지나서 집도의의 손에서 놓여
다시 이승으로 돌아온다.
그때도 자동유리문이 소리 없이 열린다.

수술실의 자동유리문은 삶과 죽음의 경계다.
아니면 이승과 저승으로 갈라놓기도 하는 기준점이다.

자동유리문 2병실

종합병원은 언제나 사람들이 넘친다.
어린이는 어린이의 병이 있고, 어른들은 살아온 나이만큼 무겁거나 힘겨운 병들을 모두 안고 산다.

병원의 회전유리문은 제 발로 걷는 사람들이 밀물처럼 들어오기도 하고
어느 시간엔 썰물처럼 휑하니 빠져나가기도 한다.

여닫히는 자동유리문은
몸이 불편한 중환자들이나 노인네가 주로 이용한다.

유리문 앞으로 가면 제가 알아서 자동으로 열리고
또 자동으로 닫친다.

그런 자동문을 하루에도 몇 번을 드나들어야
어둠이 오고 밤이 되고 밤이 지나야 하루가 흐르고
밤이라는 묘한 시간이 병을 낫게도 하고
더러는 영원히 잠들게 하는 신통력도 있다.

칸칸이 나누어 놓은 작은 창문의 병실마다
주치의는 아침에 들러, "좀 어떠세요" 하고 돌아나가

면 그만
나머지는 간호사 몫이다.

병실에는 달력이나 시계가 필요 없다
입원환자들의 퇴원은 언제나 주치의 몫이다.

패자부활전

한 번 싸움에서 졌다고?
그럼, 그대도 첫판에서 졌는가.
괜찮아, 암! 괜찮구말구.
인생은 연습이 없다고 하지만
이 판에서 진 것은 연습이야.

삼세판이라고 했던가.
젊어서 한 판
나이 들어 한 판
그리고 또 한 판이 남아 있거든.

내리 세 판을 이기고
영웅처럼 살아가는 사람을
모두들 부러워하지만
길고 긴 인생길에는 3전 2승제가 있거든.

마음먹기에 따라 승패는 뒤바뀔 수도 있으니
잘잘못을 따지기에 앞서,

한 걸음만 물러서면
틀림없는 승부수가 보일거야. 승부수가.

아직 인생은 끝나지 않았지,
마지막이라고 아니야, 아니구말구.
마음이라도 넉넉하면 패자부활전에 나가거든
이 판이 바로 패자부활전이야.
최후의 승자는 바로 자네야. 명심하라구.

도시형 인간都市型 人間

잘 먹고 잘 입고 몸이 편하면
얼굴에는 기름기가 돌고,
옷차림도 맵시가 나며
생각 또한 서울 사람을 닮아 도시형 인간이 된다.

도시형 인간은 핵가족이요, 다시 핵분열을 하여
기러기아빠나 기러기엄마로, 또는 주말부부로 살아가면서
가슴속에는 언제 터질지 모르는 시한폭탄을 간직하고 있다.

밖에서 사먹는 음식이 엄마 손맛보다 맛있다는 가족이 늘면서,
집에서는 배달 짜장면으로 끼니를 때우거나 군것질로 살고
생활 자체가 떠도는 도시형 인간으로 개조된다.

지구상에서 가장 비싼 쇠고기나 삼겹살을 먹는 도시 사람들을
마침내 비만형으로 끌어들이고
고혈압에 당뇨는 기본이고 심혈관 질환 등 성인병에

시달리면서도

잘 먹은 귀신은 때깔도 곱단다.

제 실속보다 남의 눈이나 귀를 의식하는 도시의 서민들은

없는 살림에 짝퉁이라도 장만해야 하는 고달픈 이력만 늘어가고,

남을 속이자니 저부터 속아 살아야 한다.

도시에 사는 사람들은 매연과 소음과 무감각한 이웃으로 채워진다

빈 마음에 채우고 또 채워도 채워지지 않는 욕망은 커가고

욕심이 늘어 더 가지고, 더 많이 가지고 싶어 하는 마음이 자라는 곳도 도시요,

수도권으로 모인 많은 사람들을 도시형 인간으로 승격시킨다.

동반자

혼자인 내게 언제부턴가 동행하는 또 다른 내가 있음을 알았다.

등을 붙이고 누우면 어김없이 그 날 일을 낱낱이 고한다.

평생을 떨어지지 않고 함께 지냈으면서도 하고 싶은 말이 왜 그리 많은지

같이 지낸 시간만큼 정이 들어 그런지

온갖 일에 간섭하고, 비판하며, 충고하다가도 꾸짖기 일쑤다.

긴 그림자를 드리우는 석양 무렵에는 그 그림자보다 긴 내가 나를 받치고

힘들어 하는 나를 위로한다.

어떤 때는 주머니 속에 들어갈 만큼 작은 내가 나를 따른다.

걸으면 걷고, 뛰면 같이 뛰면서 일일이 사진으로 찍고,

녹음하고, 편집하여 저장하는가 보다.

언제 어디서 열어볼까.

'내, 남과 더불어 부지런히 일하며 살았는가?

원망하고, 미워하기보다 사랑으로 감싸고 도와주었

는가.

잘못을 선뜻 털어놓지 못한 일은 없는가.

사랑과 믿음을 저버린 일은 없는가.'

라는 물음에 조용히 답을 해야 한다.

'예'와 '아니오'라는 갈림길에서 선택해야 할 나를 눈여겨보는 동반자.

저 해를 보게나落照

여보게!
저걸 좀 보게나.

바다도 저렇게 고울 수가 있을까
활활 타오르는 불꽃이네.
눈이 부시게 고운 소용돌이네.
둥근 해가 온몸을 불사르며 천천히 잠기네.

하루의 시작도
하루해의 마침도 장엄하네.
찬란한 어둠으로 하여 온몸을 불사르고 승천하는 시간이네.

혼자 놀기

청계광장에서 물길을 따라 걷다보면
혼자인 내가 눈에 띈다.

시청 앞 서울광장을 돌 때도,
광화문광장을 거닐 때도
소월길을 따라 남산에 오를 때도 혼자였다.

집에서도 때때로 나는 나대로이고
텔레비전이나 컴퓨터도 각각 논다.

그래도 그들은 혼자서 노래도 부르고 이야기기도 나누며
웃고 울고 온갖 짓을 다 하고 지낸다.

가을바람은 가볍다

굵은 빗줄기를 실어오던 바람은 무게가 있더니
가을바람은 목덜미를 파고들거나
소매 끝이나 치맛자락을 따라다니는 가벼운 친구다.

더러는 외롭고 쓸쓸한 마음을 달래고,
애절한 사연을 바람결에 실어 보내고는
무심한 하늘만 올려다본다.

본디 고독은 고독한 자의 것이고
이별 또한 이별하는 자의 것이니
가을바람을 탓할 거야 없지만
저 들 너머로 저무는 황혼을 따라
일렁이는 가을바람이
키 큰 수숫대를 흔들고 있다.

7

순수하다는 것

밀 물

밀물 가득 차면
내 어릴 적 꿈을 띄우리라.

가장 순수했던 젊은 날의 이야기를
곱게 접어 띄우리라.

끝없이 이어지는 인연을 한데 엮고
만나고 헤어짐의 아름다움도 함께 띄우리라.

살얼음판 같은 세상에서 얻은
치사스러움도 이젠 물위에 다 띄워 보내리라.

마음 한구석에 부질없이 떠도는
애욕의 그림자도 멀리멀리 띄워 보내리라.

밀물 가득 찬 바다에
내 어리석음을 다 띄워 보내리라.

징검다리

징검다리는
바람과
흐르는 물과
세월이 묻어오는 발걸음을
등에 업고 산다.
그래, 내 등을 밟고 가거라.
가랑이 사이로 바람과 세월을 물 흐르듯 담아 보내마.

이젠 내 어깨도 내놓으마.
가볍게 딛고
바람과 세월이 담긴 물을 보아라.

한 발을 내딛고
다음 발걸음이 징검다리 위에 놓이는 순간은 균형이다
순간이 지나면 다음 발걸음을 준비하고, 그 다음 발걸음이 얼른 앞으로
내달아야 한다.

하여, 망설이거나 뒤돌아볼 틈도 없이
또 다른 발걸음이 뒤따른단다.

징검다리는 이곳에서 저곳으로
더러는 저곳에서 이곳으로
오가는 사람들의 디딤돌로 남고

곁눈질할 틈도 없이 줄곧 앞만 보고 걸어야 하는 것이

물과 바람과 세월과 함께 내가 살아가는 시간인지 공간인지 모를 일이다.

징검다리처럼.

돌 담

시골집 돌담은
오랜 세월을 마을과 함께 살아간다.

비바람에 시달려도, 뜨거운 햇볕이나 차가운 눈보라 속에서도,
저, 참혹한 전쟁의 포화에도……
아문 상처마다 쓰라린 흔적일 뿐 흐트러짐이 없다.

크고 실한 놈이 밑에서 받치고
다음은, 그 다음은……
차례로 놓인 돌덩이

포개고 또, 포개어도
서로가 맞물려 얽히고설켜

큰 돌은 큰 돌대로,
둥글넓적한 놈은 그놈대로
제자리에 놓인다.

저렇게 많은 돌멩이 가운데서도
얼굴이 같은 놈은 하나 없어도

순리대로 얹고, 얹히고 박히고 하여
돌담이라는 이름으로 스스로를 지탱하니

윗자리의 작은 돌이나, 아랫자리의 큰 돌이
행여 높고 낮은 자리다툼이야 하겠는가.

바닥의 큰 돌덩이가 참고 견디는 세월만큼
윗자리의 돌덩이도 제자리를 지킨다.

썰 물

물이 빠진 바닷가는 본래의 모습이다.
작은 조개나 물고기들이 아우성치는 전쟁터이거나
모래 속 깊숙한 데서 살아가는 놈,
긴 부리를 저어가며 먹이를 찾아내는 놈,
망태기를 옆에 찬 아낙네의 잽싼 손놀림에 말려드는
불쌍한 놈들이
함께 살아가는 갯벌이다

한 번 왔다간 되돌아가는 일.
정해진 시간에 왔다가 예고된 시간엔 간다.
왔다 가는 시간은 늘 있어온 질서다.
씻겨 간 바닷가에는
언제나 되풀이하는 일만 살아서 움직인다.

순수하다는 것

아이들은 아이들의 속마음을 가장 잘 안다.
아이들은 그들의 친구를 한눈에 얼른 알아본다.

아이들은 제 또래의 아이들을 좋아하고,
착한 마음을 읽을 수 있는 밝은 마음이 있다.

그 눈은 마음속 깊이 자리하면서도
착함과 악함, 좋고 싫음, 사랑과 미움을 다 읽는다.

착한 마음은 사랑이 자라는 모습을 느낌으로 다 안다
그리고 정성을 다해 가꾸어 간다.

사랑하는 사람들은 사랑의 모양새도 예쁘게 빚는다.
무늬를 입히거나 색칠을 하면서.

그들은 사랑하는 마음을 읽는다.
아름답게 자라는 사랑의 마음을 함께 읽는다.

햇빛잔치

늘 충만한 햇빛으로
살아가는 사람들은 누구일까.

산들바람이 산자락을 타고 내려와
마을에 닿으면 봄이 온다고
먼, 아주 먼 옛날부터 이르더니
올해도 그렇게 봄이 오나 보다.

봄이 오면
꽃이 먼저 알고 필까
잎이 먼저 알고 필까.

꽃은 자고 나면 핀다.
신비한 힘에 물들어 밤마다
새 생명을 자라게 하고

열정과 환희와 축복의 밤이
캄캄하고 싸늘한 밤공기의 흐름이
저렇게 아름다운 꽃을 피운다.

사월이면

아니, 삼월이면
헛소문처럼 무성한 봄소식이 퍼지고,
사월이면 양지 녘부터 둘씩 셋씩
우렁찬 꽃망울 터지는 함성이
우리 귀에 익숙한 그 만세의 함성처럼
화려한 꽃이 핀다.

오월이면
우리의 오월이 오면,
산이나 들이나
골짜기나 언덕을 가리지 않고
온갖 꽃이 앞다투어 핀다.

저렇게 고운 꽃이 언제부터 봄을 기다렸을까
지난해 가을부터일까
그보다 더 긴 세월을 기다리고
새 꽃을 피우기 위한 거룩한 작업이 시작되었겠지.

모든 준비를 마친 꽃나무는
새로운 의미의 꽃을
조용히 기다린다.

노천탕

햇빛이 비스듬히 지나간 뒤에
흘러내리는 별도 그림자를 담가 보는 노천탕 위로,
심술궂은 바람이 기웃거린다.

홀홀 벗어놓은
가벼운 몸,
우리는 온전히 순수한 모습이다.
가끔은 이렇게 본모습을 되찾는 거다.

가지고 온 것 없으니
가지고 나갈 것도 없고,
거짓이 없으니 참도 없다고 할까. 참이 없으니 거짓도 없다고나 할까.

엷게 퍼지는 물안개에 싸이면
가장 자유로운 공간이다.

가장 자연스런 몸가짐으로
물과 바람이 가까이에서 함께 놀아준다.

찐 감자

비가 오면 집안에 갇혀 하루를 보낸다.
무료한 시간이 더 답답하고 지루하게 느껴져
창가를 서성이다 바깥을 내다보면
굵은 빗줄기는 신이 나서 퍼붓는다.

올해 장마도 게릴라식 집중호우
눅눅한 습기가 구석구석 찼으나
편할 대로 생각하면 마음 놓고 쉬는 시간이라
굵은 감자 몇 알을 긁어놓고 보니
둥글넓적한 게 보기에도 탐스럽다.

오늘 점심은 찐 감자로 대신한단다.
고슬고슬 포근포근한 감자를 물김치로 반찬삼아
후후 불어가며 어린애마냥 좋아한다.
장마도 덕이 있음이라 짜증까지 날리고,
아내와 이마를 맞대고 찐 감자를 먹는다.

산골 노부부가 비탈진 밭에서 가꾼 찰옥수수가
네모난 쟁반 위에 가지런히 놓였고
따듯한 온기가 그 맛을 더하니
장마철엔 입가심으로도 더운 것이 좋구나.

피아노와 소녀

피아노 소리는 하얀 비둘기처럼 날아오르다
가까이에서 맴돌기도 하고
먼 하늘로 날아가기도 한다.

손등에서
어깨 위에서
비둘기가 떼 지어 날아오른다.
눈부신 햇살을 받으며 차례로 날아오른다.

하얀 비둘기는 춤을 추며 날아오른다.
땅에서 나뭇가지 위로,
언덕을 지나, 하늘 속으로 사라지기도 한다.

저 비둘기들은 언제 이곳으로 다시 돌아올까
강가의 넓은 잔디밭이라도 좋고,
황혼이 물드는 도시의 '문화 공간'이라도 좋다.

비둘기야!
춤추며 노래하는 평화의 광장에서 날개를 접어라
이리로 날아와 고운 날개를 접어라.

원추리꽃

진하지도 엷지도 않은 수수한 색깔로
이따금 흰 구름이 앞산을 쓸고 간다.

붉고 탐스런 해가 산마루를 넘고
잎보다 줄기를 뽐내며 꽃대가 훤칠한 게 좋다.

아침 햇살에 새로이 꽃을 피우고
바람 잔잔한 날엔 웃음을 날린다.

내가 원추리꽃 앞에 서면
향기보다 색깔이, 색깔보다 웃음에 눈이 끌린다.

초여름이 시들 때까지
꽃잎을 차례로 피우면서 남다른 의미로 다가온다.

그리고 달빛보다 부드러운 꽃잎이
언제나 웃음으로 소근거린다.

가을바람은 소리를 만든다

가을바람은 스스로 소리를 만든다.
나뭇잎 흔들리는 소리와
풀잎 갈리는 소리도 가을바람이 만든다.

가을바람이 골짜기를 타고 오르는 소리는
통째로 계절을 옮기며 화려한 지난날은 묻고
가만히 뒤돌아보는 시간이다.

가을바람은 들녘으로 퍼지는 메아리며
모자람 없이 나누어가지라는
자연의 속삭임이다.

덤이 있어 좋다

너를 볼 때마다 웃음은 덤으로 얻는다.

겨울마다 덤으로 즐기던 눈송이가
올해는 추위를 몰고 와
가난한 이웃들에게 공연히 미안쩍어 한다.

찬바람 헤집고 팍팍한 세상에 산다 해도
내일을 기다리는 마음에는 너그러움이 늘 덤이다.

■ 바람의 길은 어디인가
-스승의 시를 읽고 감상을 쓰다-

류시화

1

자연과 삶을 노래한 많은 시인들이 있었다. 그들은 자연이라는 '세상의 정원'에서 시를 발견해 낸 사람들이다. 우리는 자연의 비밀 앞에 서 있으며, 자연 속에서 '존재'는 '현상'으로 나타난다. 그리고 다양성 뒤에 하나의 '단일성'이 숨어 있다. 시인은 그 '존재'와 '단일성'을 발견하는 통찰력을 갖기 위해 겉모습에 속지 않고 자연과 오래 머문다. 월트 휘트먼은 그러한 시인의 모습을 그려 보인다.

나는 세계의 정원을 여기저기 거닐다가 곧 문을 빠져나간다.

연못가를 따라서, 젖는 것을 걱정하지 않고 조금씩 걸어서 건넌다.
때로는 밭에서 주워 던져 놓았던 자갈이 쌓여서 이루어진 울타리 곁을 지나고
들꽃이며 담쟁이 풀이며 잡초가 돌 틈새에서 자라나
반쯤 돌을 덮고 있는 곳, 이곳을 나는 지나간다.
먼, 먼 숲 속으로 어디로 갈 것인지 생각하기 전에
늦은 여름을 어슬렁거린다.
혼자서 대지의 향기를 맡으며 이따금 정적 속에 발을 멈춘다.

(중략)

내가 연못가 물속에서 뽑아낸 것은 내가 간직한다.
나는 그것을 누군가에게 줄 테지만
반드시 나와 똑같이 사랑할 줄 아는 사람에게만 주리라.

―「봄에 부르는 노래」(김기태 옮김)

박희연의 시는 '문을 빠져나가' 오랫동안 '여기저기 거닐며' 세계의 정원에서 발견한 시어들로 이루어져 있다. 그리고 그 역시 그가 발견한 그것을 '반드시 나와 똑같이 사랑할 줄 아는 사람에게만' 주고 싶어 한다. 그가 '바람의 길'에서 주워 놓은 꽃무더기, 푸른 보리, 개울물 소리, 섬진강의 안개 등을 모은 것이 이 시집이다. 시는 결국 자신이 발견한 것을 그것을 이해하는 사람과 나누려는 시도이다.

2

시를 읽는다는 것은 그 시를 쓴 시인의 감성과 동질성을 경험하는 일이다. 바슐라르가 말하듯이, 모든 시인은 자기 나름대로 독자에게 '여행에의 초대'를 한다. 그 초대에 응함으로써 독자는 부드러운 자극을 받아 존재의 내밀한 곳에 도달한다.

시는 깨어 있는 눈으로 삶과 세상을 바라보고 경험하는 일이다. 시는 매순간 그 본질의 세계로 돌아간다. 관념과 언어의 유희가 시적 재능의 척도로 여겨지는 세상에서 이러한 정의는 매우 고지식하게 들리지만, 횔덜린의 말대로 '시란 결국 본향을 찾아가는 일'이다.

내가 향기 좋은 찻잔을 앞에 놓고
먼 산을 바라보듯
그대도 묵직한 저 산의 무게를 닮아주게.

산은 생각의 높이이네
내 영혼이 고달픈 길을 헤맬 때도
그대만은 겸손한 자세로
저 멀리 보이는 깊은 골짜기의 그림자마냥
의젓한 몸가짐을 가져주게.

(중략)

산은 생각의 높이를 쌓고
또 그토록 오랜 침묵을 묻고도

어제와 오늘과 내일을 조금씩만 풀어주는
무던히 끈질긴 성품으로
지금도 저렇게 솟아 있네.

친구여 우리도
여기 이렇게 앉아서
산의 깊이를 파보세.

'산의 깊이'는 곧 삶의 깊이이고 존재의 깊이이다. 시인은 자신의 감정을 독백하는 자에서 머물지 않고 다양한 시들에서 부단히 우리를 그곳으로 초대한다. '빈손으로/ 빈 마음으로' 되짚어볼 것을. 그러한 시인의 초대에 응하지 못하는 사람은 감성이 고갈되었기 때문이 아니다. 그 사람의 그다지 영리하지도 않은 뇌가 세상 속에서 조금 바쁘기 때문이다.

3

삶은 하나의 여행이다. 인간은 본질적으로 '길 가는 사람'이다. 사람을 분류할 때 호모 비아토르라고 한다. '떠도는 사람, 길 가는 사람'이라는 뜻이다. 삶의 의미를 찾아가는 여행자, 한곳에 정착하지 못하고 계속 방황하며 스스로 의미를 찾는 존재이다. 호모 비아토르는 길 위에 머물 때 아름답다. '길 가는 사람'이라기보다는 '길을 가서 비로소 사람다울 수 있는 사람', 그것이 호모 비아토

르이다.

좁은 산길
고개를 숙이고 오르다.

이마의 땀을 닦으며
쉬엄쉬엄 오르니 그 암자인가.

지는 해를 보면서
고마움으로 하루를 맺는 너그러움

지난해에 듣던 소쩍새 소리와
바람 지나가는 소리.

개울물 소리에 섞여
앞산 뒷산이 소곤대는 소리만 있고…….

초롱초롱한 별들이 자리를 바꾸는 새벽에는
저들도 옷을 갈아입고 해탈을 하려나보다.

—「다시 산사에서」 전문

니코스 카잔차키스는 "우리는 심연에서 와서 심연으로 간다. 이 두 심연 사이를 인생이라 부른다."고 했다. 우리는 나이를 먹는다. 그리고 해탈에 이르든지, 암흑에 놓이든지 둘 중 하나다. 우리는 문득, 특별한 이유도 없이, 우리를 둘러싸고 있는 세상의 사물들을 제대로 볼 때가 있다. 갑자기 '소쩍새 소리'와 '바람 지나가는 소리', '개울물 소리'가 뚜렷하게 들리기 시작한다. 나무들이 제 모습으로 살아난다. 그것들은 더 이상 무미건조한 풍경이 아니다. 세계는 자신의 나이테와 심연을 그대로 다 보여준다. 사물의 깊이를 인식할 때 인간은 모든 존재가 공유하고 있는 참본성에 눈을 뜬다. 그것을 통해 자신 안의 그 참본성을 일별하는 기회를 갖는다. 그 순간에 시인은 '별들이 자리를 바꾸는' 것을 바라본다. 그것이 해탈이다.

호프만스탈이 그의 산문집에서 한 말은 크게 울린다.

"영혼의 풍경은 별 가득한 하늘의 풍경보다 더 경이롭다. 영혼의 풍경은 수많은 별들로 이루어진 은하를 지니고 있을 뿐만 아니라, 그늘 드리워진 심연은 살아 있어서 그 생의 과잉이 저 스스로를 오히려 어둡게 휘덮기까지 한다. 한 순간이 그 심연들을 환하게 하면서, 그것들을 은하수로 바꿔 놓는다."

4

사물은 시인을 통해 말하고 싶어 한다. 시인은 모든 것들의 언어를 이해하려고 노력하는 사람이다. 바람이든 꽃이든 돌이든 물고기든 나비든. 좋은 시는 우리가 보고 있지만 진정으로 보지 않는 것들에 대해 말한다. 눈의 망막에 투영되지만 의식이 포착하지 못하는 많은 것들에 대해. 같은 대상과 소리를 시인과 시인 아닌 사람은 다르게 보고 듣는다.

시는 순간적인 깨달음이다. 그 속에서 우리는 사물의 삶을 들여다본다. 시인은 말한다. 사물을 보되 '깨어서 보라'고. 그러면 그 사물들이 자신만의 목소리로 우리에게 말을 건다고. 한 줄기 풀잎이라도 관심을 갖고 바라보면 그 자체로 신비하고 경이롭고 놀라울 정도로 신비한 세계를 간직하고 있음을 알 수 있다.

한 편의 시에서 핵심적 역할을 하는 부분을 시안詩眼, 시의 눈이라고 한다. 시의 요처가 곧 시인이다. 청의 문예이론가 유희재는 "시안에는 시집 전체의 눈도 있고 시 한 편의 눈도 있고 몇 구절의 눈도 있으며 한 구절의 눈도 있다."고 말했다. 이 시집의 시안을 나는 다음의 시에서 발견한다.

햇차를 나누고
일찌감치 잠자리에 들다.

자다, 깨다.
자다 깨다, 자다, 깨다.

물소리
바람소리
새소리.

봄비로
새 잎들이 다투어 얼굴 씻는 소리.

구름이 나지막하니
먼 산등성이를 넘고.

새벽잠까지 앗아가는
소쩍새 울음소리

—「산사에서」 전문

'자다, 깨다'를 반복하는 것은 햇차를 마신 까닭만은 아니다. 시인이 귀 기울이는 소리는 사물들이 저마다 시인에게 하고 싶어 하는 이야기들이다. 그 이야기를 읽어 내는 것이 곧 시를 읽는 일이다. 공자는 『논어』에서 자신의 아들 백어에게 "시를 배우지 않으면 그 마음은 마치 담벼락을 마주보고 선 것과 같다."고 했다. 담벼락처럼 감정이 메마른 이에게 '자다 깨다 듣는 물소리 바람소리'는 단순한 자연 현상일 뿐이다. 시를 통해 우리는 보다 깊은 인간의 실존적 느낌에 다가간다. 그 실존적 느낌이 '새벽잠까지' 빼앗는다. 랭보가 말했듯이, '시의 혁신성은 사상이나 형식에 있는 것이 아니라 사물과 현상이 지닌 숨겨진 의미를 보편적 영혼들이 감지할 수 있도록 잡아내는 능력'에 있다. 그것을 옛 선지식은 이렇게 표현했다.

"도를 배운다는 것은 자기를 배우는 것이다. 자기를

배운다는 것은 자기를 잊는 것이다. 자기를 잊는다는 것은 만법에 밝히는 것이다."

자기를 잊는다는 것은 곧 세상의 사물들을 자기 안에 비추는 것이다.

이 가을의
논과
밭은
가장 겸손한 자세로 고개를 숙이고 있다.

품안에서 자랑스럽게 키우던 채소들과
봄부터 신선함을 담아다 나르던
그 많고 많던 낟알들을
모두 제자리로 돌려보내고,

이제,
논과
밭은
그리도 뽐내던 주연 배우의 자리에서,
조연으로 물러나
조용히 몸을 낮추고 있다.

5

"시는 함축되어 드러나지 않는 것을 소중하게 여긴다.

그러나 희미한 글, 숨은 말로서 명백하고 통쾌하지 않은 것은 또한 시의 큰 병이다."라고 조선시대 문인 서거정은 『동인시화東人詩話』에서 말했다. 그리고 이인로는 『파한집破閑集』에서 "시는 마음에서 우러나오는 것이 믿을 만하다."고 말했다. 이 시집 『바람의 길』은 '마음에서 우러나오는 시'들이 우리에게 말을 건다.

골짜기를 스쳐온 바람이 처마 끝에 머물고
새벽이면 작은 암자의 풍경소리가
나무들의 단잠을 깨운다.

그것은 바람의 영역이다
바람은 소리를 만든다

꽃도
풀도
새도
바람결에 실려 오는 이야기 속에 있다

그 속에 숨은 소리는 무엇일까

시는 언어를 매개체로 하지만 '말하지 않고 어떤 것을 말하는' 시도이다. 말해지지 않고 남아 있는 그것이 말해진 것보다 더 많은 것을 말한다. 나는 여전히 그 어떤 이야기꾼보다 시인이 위대하다고 믿는다. 시는 소설과 달리 등장인물이 있는 것도 아니고 스토리도 없다. 고작 몇 개의 사물의 이름을 제외하면 생략된 존재들만 어른거린다. 확실하게 매듭짓지 않은 문장과 묘사는 의미를 더욱 모호하게 만든다. 그럼에도 불구하고 시인이 그 모호한 몇 줄의 문장으로 전달하고자 하는 무엇이 있을 것이다. 시를 쓴다는 것은 이 '전달하고자 하는 무엇'을 숨기는 작업이며, 독자는 그것을 찾아 읽는 사람이다.

우리는 정약용의 말에 귀 기울여야 한다.

"시에는 두 가지 어려움이 있다. 단어를 선택하고 구절을 다듬는 일이나 사물의 이치를 체험하고 감정을 묘사하는 미묘한 일들이 어려운 것은 아니다. 오직 자연스러움이 첫째의 어려움이고, 깨끗한 여운을 남기는 것이 두 번째 어려움이다."

오늘날의 시가 놓치고 있는 것을 다산은 200년 전에 정확히 지적했다. 그보다 더 전인 조선시대 중기에 김득신은 "요즘에는 시가 없다. 시가 없는 것이 아니라 시다운 시가 없다."라고 애석해 한다.

릴케는 『말테의 수기』에 썼다.

"단 한 줄의 시를 쓰기 위해서는 때가 오기를 기다려야 하고 한평생, 되도록 오랫동안, 의미와 감미를 모아야 한다. 그러면 아주 마지막에 열 줄의 성공한 시행을 쓸 수 있을 것이다. 새들이 어떻게 나는지 느껴야 하며, 작은 꽃들이 아침에 피어날 때 어떤 몸짓을 하는지 알아야 한다. 시는 사람들이 주장하는 것처럼 감정이 아니고 경험이기 때문이다."

물이 빠진 바닷가는 본래의 모습이다.
작은 조개나 물고기들이 아우성치는 전쟁터이거나
모래 속 깊숙한 데서 살아가는 놈,
긴 부리를 저어가며 먹이를 찾아내는 놈,
망태기를 옆에 찬 아낙네의 잽싼 손놀림에 말려드는 불쌍한 놈들이
함께 살아가는 갯벌이다

한 번 왔다간 되돌아가는 일.
정해진 시간에 왔다가 예고된 시간엔 간다.
왔다 가는 시간은 늘 있어온 질서다.
씻겨간 바닷가에는
언제나 되풀이하는 일만 살아서 움직인다.

6

봄이 오면
꽃이 먼저 알고 필까
잎이 먼저 알고 필까.

삶에는 시로써만 말할 수 있는 것이 있다. 삶은 결국 한 편의 시로 남는다. 시의 힘을 믿는다는 것은 시가 우리의 눈을 뜨게 할 수 있음을 믿는다는 뜻이다. 삶의 가치는 새로운 것을 발견하는 것이 아니라 새로운 눈을 뜨는 데 있다.

스승의 시에 대해 글을 쓰는 것은 쉽지 않은 일이다. 고등학교 시절 나는 그에게서 시를 배웠고 삶을 배웠기 때문이다. 그는 나에게 시가 무엇이며 어떻게 시를 써야 하는가를 한 번도 가르쳐 준 적 없지만나는 그가 시에 대해 말하는 것을 들은 적이 있는가 의심이 들 정도이다, 내 눈에 그는 언제나 시인이었고, 그의 말 자체가 시였다. '모든 인간의 내면에는 어린 나이로 죽은 시인이 있다'고 말한 사람이 누구였는지 기억나지 않지만, 그의 내면에는 언제나 그 시인이 살아 있었다. 나는 예민했던 시절, 그의 말투를 모방했고 그의 동작과 구부정한 어깨까지 흉내내려고 했었다. 왜냐하면 그의 삶 자체가 시였기 때문이다. 어린 시인에게 그러한 가르침 이상의 것은 없었다. "삶은 시로 이루어져 있다."고 한 보르헤스의 말은 그에게 해당한다. 내 기억 속의 '박희연'이라는 이름은 여전히 '시로 이루어져' 있다. 가슴에 지닌 불은 영혼이 살아 있는 한 꺼뜨리면 안 된다. 시인은 그 힘으로 살아야 한다. 나는 그가 보여준 시적인 삶에 아직 크게 못 미친다.

7

시는 계속된다. 삶이 그러하듯이. 위대한 시인을 만드는 것은 자신이 쓴 시를 사는 것, 그리고 자신이 살아온 시를 쓰는 것이다.

소로우는 사랑하는 이의 죽음 뒤에 이렇게 썼다. "곧

얼음이 녹고, 강을 따라 찌르레기가 나타나 언제나 그랬듯이 즐겁게 노래할 것이다. 변치 않는 평온함이 신의 얼굴 위에 나타나리라. 그리고 우리는 슬퍼하지 않으리라. 신이 슬퍼하지 않는다면."

우리는 여기에 있고, 곧 여기에 없을 것이며, 혹은 모든 곳에 있게 될 것이다. 여기에 존재하나 곧 여기에 부재하리라는 것은 경이로운 일이다. 부재하는 것은 때로 존재하는 것보다 깊은 의미를 갖는다. 여기에 '있는 것'보다 '여기에 있다가 사라진 것'은 더 마음을 잡아당긴다. 왜냐하면 그것들이 언젠가는 소생하리라는 것을 우리는 믿기 때문이다.

오월이면
우리의 오월이 오면,
산이나 들이나
골짜기나 언덕을 가리지 않고
온갖 꽃이 앞다투어 핀다.

저렇게 고운 꽃이 언제부터 봄을 기다렸을까
지난해 가을부터일까
그보다 더 긴 세월을 기다리고
새 꽃을 피우기 위한 거룩한 작업이 시작되었겠지.

모든 준비를 마친 꽃나무는

새로운 의미의 꽃을
조용히 기다린다.

—「햇빛잔치」 중에서

자끄 프레베르는 세상의 모든 꽃들은 이렇게 말하며 진다고 썼다.

죽도록 말해주고 싶어요
삶은 아름다운 거라고

『바람의 길』에서 시인은 아직도 블레이크가 선언했듯이 들풀 한 송이에서 우주를 보려는 노력을 잃지 않는다. 그리고 우리는 시들어가는 꽃을 무시하지 말아야 한다. 그것이 꽃봉오리였을 때의 투혼을 기억할 일이다. 아름다운 것은 바로 그 투혼이므로.

음악이 없는 삶은 오류라는 니체의 말을 나는 '시가 없는 삶은 오류'라고 바꿔서 적고 싶다. 삶이 계속되는 한 시도 계속된다.